27/12616

NOTICE

HISTORIQUE

SUR

CHARLES-LOUIS LHÉRITIER,

Membre de l'Institut national, et de la Société libre des Lettres, Sciences et Arts de Paris;

Lue à la Séance publique du 9 Germinal an 9,

Par GUYOT DESHERBIERS.

———————

Il n'est pas un jour dans la somme des tems, il n'est pas une heure dans le cercle des jours, où la mort ne vienne frapper quelque victime précieuse. Ici, c'est une famille qui a perdu, dans un père, son unique soutien, ou ses espérances dans un enfant adoré; là, c'est un grand talent enlevé aux sciences et aux arts : des amis se trouvent dispersés par l'absence de celui qui les unissait : il a disparu, l'homme qui remplissait une fonction importante, et l'on ne voit personne qui le puisse

(2)

remplacer : la classe que la foudre vient d'atteindre est dans les larmes ou dans la stupeur; et les individus épars dans un monde distrait par les affaires ou par les plaisirs, voyent, d'un œil sec, passer un deuil qui les attend à leur tour, et qui demain n'affectera qu'eux.

Mais si, en privant de son père une famille nombreuse et intéressante, le coup étoit tombé sur un être précieux tout à la fois à la république des lettres par son génie, à la patrie par ses services, aux gens de bien par ses vertus, à l'amitié par ses qualités attachantes; si le malheur de la perte commune étoit encore aggravé par l'horreur des circonstances, alors, sans doute, la douleur, multipliée sur tant de points, prendrait le caractère d'une calamité publique, et l'égoïsme universel aurait peine à manifester, dans un petit nombre de personnages incorrigibles, sa monstrueuse insensibilité.

Telle a été la commotion qui s'est fait ressentir au milieu de la société, le jour que la voix publique a dit à tout Paris : « Lhéritier n'est plus, il a succombé, cette nuit, sous le fer de l'assassinat... Quoi Lhéritier! l'honneur des sciences et de la magistrature, l'homme des bonnes mœurs, le modèle des bons citoyens, l'assemblage des vertus publiques et particulières!... Eh, quelle est donc la main scélérate qui a osé se lever sur cette tête respectée ? Quel est donc le monstre qui a pu haïr Lhéritier » ? — Voilà ce que j'ai entendu; ce que j'entends tous les jours depuis sept mois.

Ah! si ce sont là les cris de ceux qui n'ont connu cet homme si rare, que par sa réputation, que par ses ouvrages, ou dans les liaisons superficielles de la société, quelle ne doit pas être la désolation de ce petit nombre d'amis qu'il avait su choisir, et qui, journellement admis aux délices de sa familiarité, pouvaient lire dans cette âme pure, en admirer la candeur céleste, s'enflammer de ses vertus, s'enrichir de ses connaissances, s'énorgueillir de sa prédilection, se le proposer pour exemplaire, et faire au moins des efforts pour marcher dans sa trace! Hélas! j'ai joui, durant longues années, de ces précieux avantages, et le souvenir que j'en conserverai toute ma vie, sera pour moi une source intarissable de regrets; mais je me fais un cruel plaisir d'en savourer l'amertume : c'est ma pensée habituelle au fond de la solitude; je cherche les amis à qui ma peine n'est pas étrangère, et je voudrais les en entretenir jusqu'à l'importunité : j'ai besoin d'en parler à cette Société qui se félicitait de compter Lhéritier au nombre de ses membres; à cette Société dont l'admission honorable, dont l'indulgence fréquemment éprouvée est encore pour moi un bienfait de Lhéritier, un de ses bienfaits les plus chers. Qu'il soit donné à des mains plus exercées de peindre le savant et le littérateur, de déployer les trésors dont il a enrichi la science qu'il idolâtrait ; je n'ai d'autre désir que de me retracer l'homme, ses mœurs, son ame, ses vertus, jusqu'à ces légères singularités qui semblaient lui former un caractère à part, ainsi qu'on voit quelquefois les traces d'une maladie redoutée, remplacer, sur un visage, l'agrément des traits par le piquant de la physionomie.

Charles-Louis Lhéritier naquit à Paris, en 1746, au sein d'une famille opulente. Cependant la frugalité, la simplicité, l'amour du travail, qui, d'ordinaire, ne sont pas les vertus du riche, ont caractérisé le cours de sa vie toute entière : soit qu'au moment de son éducation, des parens sages aient pris soin d'éloigner de ses yeux l'amollissant aspect de la richesse, soit qu'un naturel heureux en ait surmonté les dangers, comme il arrive, de temps en temps, que la vertu, par une sorte de miracle, se forme, se consolide, et s'épure au spectacle du vice.

Les vœux de la famille de Lhéritier le portaient aux fonctions de la magistrature, dont l'austérité de son caractère semblait indiquer la vocation ; déjà même quelques parens se promettaient de le voir briller dans les places éminentes du Conseil d'État.

Lhéritier commença sa carrière en occupant le ministère public dans la jurisdiction des eaux et forêts de Paris. Avide d'acquérir toutes les connaissances propres à son nouvel état, il se mit à étudier la nature des bois qu'il allait être obligé de surveiller comme administrateur et comme magistrat; mais bientôt, cet objet particulier se trouvant trop insuffisant pour ses observations studieuses, il étendit ses regards sur l'action immense de la nature végétale; alors il reconnut, comme par inspiration, le véritable aliment que demandait son génie; et comme Fontenelle l'a dit de Tournefort, *il vit des plantes, et se sentit botaniste.* Il semble que ce titre appartient, non pas au simple amateur, qui, entraîné par le charme d'une science aimable et pure, se baisse pour ramasser, pour observer les plantes nées autour de lui, et ne sait faire qu'un plaisir innocent d'une étude superficielle, mais à l'amant passionné qui se consacre tout entier à la science, et qui, pour en accroître l'empire, traverse les mers, s'enfonce dans les déserts, gravit les montagnes, plonge dans les abymes, brave les dangers, se complaît à toutes les sortes de privations, et s'en tient pour récompensé, s'il a pu faire un pas de plus dans le sanctuaire de la nature. Tels ont été les Tournefort, les Linné, les Jussieu; tel était Lhéritier. Mais pour remplir

cette mission, il ne suffit pas d'en avoir la fan-
taisie, il faut une volonté déterminée, un grand
courage, une robuste santé. De même qu'on
naît poëte, il faut être né botaniste.

Et, quel avantage pour la science, lorsque
l'homme qui la cultive a reçu du hasard le don
d'une grande fortune, et qu'il veut en faire le
sacrifice à sa divinité ! Noble et glorieuse muni-
ficence, qui accélère de plusieurs siècles le progrès
des connaissances humaines ! Ce que Lavoisier
avait fait pour la chimie, Lhéritier a voulu le faire
pour la botanique; et qui sait de combien de géné-
rations l'enseignement sera retardé par la perte
déplorable et prématurée de l'un et de l'autre?
Ne dirait-on pas qu'un mauvais Génie a dévoué à
l'ignorance la race des hommes, et que, tout
aussitôt que, par une réunion de contingences
presque impossibles, le talent, le zèle, l'opulence
et la générosité se trouvent heureusement com-
binés pour porter la lumière sur un point de l'ho-
rizon intelligent, le bras du crime est levé pour
l'éteindre ?

Lhéritier, dans la vigueur de l'âge, s'aban-
donna avec enthousiasme aux exercices labo-
rieux de la botanique. C'était en ces circonstances où le despotisme, abusant de ses forces,
avait attaqué l'ordre judiciaire, dont l'antique
composition, et la résistance souvent honorable,

offraient la seule nuance qui distinguât encore les peuples de la France des esclaves de l'Asie. Le tribunal auquel appartenait Lhéritier, se trouva compris dans la disgrace commune. Le jeune magistrat sut en profiter pour donner à la science les momens que le devoir ne réclamait plus. Il parcourut, et souvent à pied, la plupart des provinces de France ; il voyagea en divers états de l'Europe, pour faire une connaissance privée avec les plantes propres à chaque contrée. Il commença de sa main un herbier que l'assiduité d'un grand nombre d'années, a rendu, pour ainsi dire, aussi complet que celui de la Nature. Initié dans les langues savantes de l'antiquité, il s'instruisit dans la plupart des langues vivantes, pour connaître tout ce qui avait été écrit sur la végétation. Il ouvrit une correspondance soutenue avec tous les adeptes de la science. Cette aisance qu'il tenait de ses pères, et qui s'accrut encore par un mariage avantageux, il en consacra une partie à la noble passion qui l'animait. Il fit graver, à grands frais, par les plus habiles mains, quantité de plantes exotiques, nouvelles ou peu connues, cultivées à Paris, et les plantes les plus rares de la Grande-Bretagne, et celles qui avaient été rapportées du Pérou par le célèbre Dombey, dont le dépôt lui fut confié par le gouvernement.

précieux que Lhéritier, aux risques de sa tête
et de sa liberté, est parvenu à nous conserver à
travers les années du vandalisme. Il a écrit en
latin des traités sur les diverses plantes, impo-
sant des noms, donnant le droit de cité aux
nouvelles venues, qui, de tous les points de l'u-
nivers, arrivaient dans son herbier, et semblaient
naître à la science. C'est ainsi qu'il a attaché le
nom de *Louichœa*, le nom de son illustre ami
LOUICHES DES FONTAINES, à une plante
que produit la Barbarie; comme s'il eût voulu
conférer à la plante par le professeur, et au professeur par la plante, une immortalité collaté-
rale. C'est ainsi qu'il a paré des noms de Michaux
et de Broussonet, deux productions apportées
de la Louisiane et de la Caroline.

Lhéritier, qui avait publié par la voie de l'im-
pression, l'histoire de plusieurs plantes rares, pos-
sédait encore dans son porte-feuille, un grand
nombre de dessins, dont il espérait enrichir la
science dans des temps moins difficiles. Mettant
à contribution tous les bienfaits du hasard, n'é-
pargnant aucune espèce de sacrifice pour acquérir, soit en France, soit chez l'étranger, un
livre utile et rare, il a employé trente ans de sa
vie à former une bibliothèque de botanique et
d'agriculture, l'une des plus précieuses et des
plus complètes qui soient dans le monde savant;

et il la tenait ouverte à tous ceux qui étaient dignes de la consulter.

La similitude des goûts procura bientôt à Lhéritier des liaisons intimes avec un magistrat dont les gens de bien ne prononceront jamais le nom qu'en inclinant leur tête sous une respectueuse douleur ; je parle de *MALESHERBES*, la plus illustre des victimes que le dernier siècle ait vu tomber sous la main criminelle. Pendant le sommeil des lois, les deux sages herborisèrent ensemble. Au retour de l'ordre, Lhéritier voulut entrer dans la compagnie que présidait son vertueux ami : mais bientôt celui-ci fut porté par l'acclamation publique à un poste plus éminent ; et durant une courte année, il porta la lumière dans les ténèbres du ministère, et la liberté dans les souterreins de la Bastille.

Lhéritier, admis à la Cour des Aides, s'y fit promptement un nom par ses talens, ses vertus, son caractère, son exactitude. Dans les quinze années qu'il a passées au sein de cette magistrature, il ne s'est pas pris une délibération importante qui n'ait été éclairée de ses avis, et affermie par son courage. On se souvient que cette cour, qui n'était pas postée à la première ligne, tenait une grande place dans l'estime générale, et que les intrigans, corrupteurs du

pouvoir, les dilapidateurs de la fortune publique, frémissaient de trouver sur leur chemin ce
petit rocher que rien ne pouvait entamer.

Ainsi Lhéritier partageait entre les devoirs
de la magistrature et les travaux de la science,
tous les momens d'une vie active et pure, lorsque la révolution arriva.

Il n'était pas difficile de pressentir que cette
secousse, préparée par tant de causes, devait,
comme un torrent, détruire et entraîner ces
monceaux de préjugés, dont les siècles avaient
encombré l'organisation sociale; qu'une multitude d'intérêts particuliers s'anéantirait devant
l'image de l'intérêt universel. Dans cette vaste
querelle, Lhéritier avait sans doute à perdre
plus qu'un autre; mais si son grand sens ne l'eût
pas averti que toute résistance serait ridicule,
et deviendrait plus nuisible encore qu'infruc-
tueuse, son esprit éclairé, son ame vertueuse,
lui faisaient désirer la réformation des abus, et
il espéra que tous les bons citoyens la facilite-
raient par le concours de leurs volontés et de
leurs efforts.

Il fit donc, de bonne grace, et dès le premier
jour, tous les sacrifices que le moment démon-
trait nécessaires. Envisageant sans regret l'iné-
vitable diminution de sa fortune, confondu
volontairement dans la masse des citoyens,

c'est-à-dire, abdiquant les priviléges de l'ano-
blissement, pour s'investir de la dignité d'homme,
il s'inscrivit des premiers sur les registres de la
milice nationale de Paris, qui le choisit pour un
de ses commandans; et l'assemblée électorale de
1790, dont on peut dire que les choix ont été
la quintessence de l'estime publique qui les cou-
vre encore aujourd'hui, distingua Lhéritier
dans le petit nombre des magistrats de l'ancien
ordre, dignes d'appartenir à l'ordre nouveau,
et le nomma juge au tribunal du deuxième ar-
rondissement.

C'est ici que je demande la permission de pré-
senter, sur Lhéritier, mon attestation person-
nelle. Honoré du nom de son collègue, j'ai,
durant vingt-sept mois, passé à côté de lui six
heures de chaque journée, ne sachant ce qu'il
fallait admirer le plus, ou l'intégrité de ses principes, ou l'étendue de ses connaissances, ou la
netteté de ses discussions. Oh! quelle idée il m'a
fait concevoir du caractère d'un véritable juge!
Supérieur à toute foiblesse, à toute distraction,
immuable comme la lettre des lois, impassible
comme la justice, portant une égale horreur aux
approches du crédit ou de l'or, aux séductions de
la beauté ou de l'amitié, aux dangers de la pitié
même, et à cette lâche faveur qu'une aveugle
multitude se croyait alors acquise!... Dans les ma-

tières civiles, s'entourant de toutes les lumières qui pouvaient servir à l'évidence du bon droit et à la conservation des formes ; dans les causes criminelles, donnant ses jours et ses nuits aux détails rebutans de l'instruction ; combien de fois, escorté de ces Notables Adjoints, les premiers auxiliaires que la loi eût encore donnés à l'humanité, combien de fois Lhéritier n'a-t-il pas vu lever le soleil, tandis que, dans le vestibule des prisons, il avait, dix heures de suite, travaillé, par une procédure accélérée, à la manifestation de l'innocence, et au dégorgement des cachots ! Avec quelle mesure il savait unir, et la perspicacité qui distingue le crime ou la faiblesse, et l'humanité qui respecte le malheur dans le coupable même ! Elle appartenait en propre à Lhéritier, cette expression que les langues antiques mettent dans la bouche d'un juge :

« Je me suis revêtu de la justice, et mes sen-
» tences m'ont servi de parure et de diadême. »

Telle était la vie continuelle de Lhéritier, lorsque le brigandage de 1793, en l'arrachant du tribunal, priva la justice d'un de ses plus fermes appuis. Lhéritier entra dans l'obscurité avec une sorte de joie ; il y retrouvait sa science chérie, dont les fonctions publiques avaient interrompu la culture. S'il ne pouvait plus l'enrichir de sa fortune qui avait péri presque toute entière, il lui rendit du moins ses momens et ses pensées. Au milieu des plantes, jouissant de sa conscience et de son travail, gémissant, non sur ses propres pertes, mais sur les malheurs de la patrie, éprouvant par habitude le besoin d'être utile à ses concitoyens, il prit place dans un de ces Bureaux de paix, institution sainte, que l'anarchie même n'avait pas encore pu désorganiser. Lhéritier ne jugeait plus de procès, mais il en accommodait un grand nombre. Dans ce poste de bienfaisance, il échappa à l'œil persécuteur; il fut même, chose étonnante, favorisé d'une exception à l'exécution de ce décret du 27 germinal, qui, en expulsant de Paris nombre de familles ci-devant privilégiées, semblait les parquer dans les campagnes environnantes, comme des victimes désignées. Membre de la Commission des arts, il aida à sauver de la massue des barbares quelque reste de nos antiques monumens. Il avait appartenu à l'ancienne Académie des sciences; et l'Institut national, la Société libre des lettres, sciences et arts, et d'autres compagnies savantes, se sont fait honneur de l'appeler dans leur composition primitive.

Lorsque la liberté respira, après que les vipères de la révolution eurent cessé de s'entre-dévorer, Lhéritier fut nommé un des principaux coopérateurs du nouveau ministère de la justice.

Là, recommença entre lui et moi, une intimité de plusieurs années, intimité journalière, plus étroite encore que la précédente. Jadis, je n'avais guère pu connaître en lui que les vertus et le talent de l'homme public; les sentimens que Lhéritier m'avait inspirés, c'était de l'estime, de l'admiration, du respect. Cette fois, les charmes de l'amitié, de la confiance, de l'identité d'opinions, nous unirent d'un lien vraiment fraternel. C'était le plaisir de se voir à tous les instans, le besoin mutuel de se consulter sur tout. C'est alors que je contemplai, comme à découvert, ce cœur noble et grand, qui ne s'enflammait que de l'amour du bien, et de l'indignation du mal, cette rectitude de principes que rien ne pouvait faire fléchir, cette austérité de mœurs qui connaissait à peine l'empire des besoins physiques, cette tendresse de cœur, cette soif d'obligeance qui, dans le mal-aise même, s'imposait des privations pour venir au secours d'autrui, cette délicatesse qui affectait de diminuer le bienfait quand elle n'avait pu le cacher, cette froideur apparente qui, le rendant accessible à un très-petit nombre d'amis, donnait un nouveau prix à ses épanchemens pour ceux qu'il avait distingués; enfin, l'ingénieuse causticité de sa conversation, où des mots piquans contrastaient sans cesse avec cette figure sérieuse, dont un sourire fugitif venait quelquefois adoucir la dignité habituelle.

En consultant l'opinion publique dans le renouvellement de l'ordre judiciaire, le Gouvernement venait de placer Lhéritier dans le tribunal d'appel de Paris, et il n'avait pas tardé à s'y faire distinguer. Au mois de thermidor an 8, la mort lui enleva un proche parent, un ami intime, et bien digne de l'être, le citoyen Bayard, juge du tribunal de cassation, et notre collégue. Lhéritier témoigna le désir de lui succéder dans cette place, et c'est le premier mouvement d'ambition qu'il ait éprouvé de sa vie; mais je dois au public la confidence que l'amitié avait versée dans mon sein, la déclaration de ses motifs. C'était pour reporter à la veuve et à la fille de Bayard, réduites à une situation peu aisée, les émolumens de la magistrature, en n'en gardant pour lui que l'honorable fardeau. Lhéritier avait assez de titres pour attendre cette nomination de la main du Sénat républicain; mais dans la nuit du 28 thermidor, Lhéritier a été trouvé assassiné près du seuil de sa porte, sans que les recherches les plus sévèrement faites par ordre de l'Autorité, aient rapporté la moindre lumière sur les causes et les détails de ce crime inconcevable. Citoyen vertueux, bienfaisant et juste, bon père, bon ami, homme aimable et spirituel, Lhéritier disait avec naïveté, quelques jours auparavant : *Je n'ai pas un ennemi.*

Une robuste constitution, affermie par le travail, l'exercice et la tempérance, lui promettait de longs jours. Son instruction, son zèle, sa générosité, annonçaient à la science un heureux agrandissement. Sa perte laisse un vide épouvantable dans sa famille, dans la classe des sciences, parmi ses amis, au sein de la société. Mais qui peut mieux en apprécier l'horreur, que celui qui avait contracté la douce habitude de son commerce délicieux autant qu'instructif ?

Pardonnez au désordre de ce faible ouvrage, cent fois interrompu par les larmes et les frémissemens. L'image d'un ami massacré est toujours là, monument ineffaçable d'une douleur qui n'admet point de consolation.

FIN.

DE L'IMPRIMERIE DE J. A. BROSSON.